24. Dezember

Es gibt einen besond`ren Tag im Jahr
da verwandelt sich die Welt gar wunderbar!
Überall brennen glitzernde Lichter
Kinder haben strahlende Gesichter!
Was ist das für ein großer Mann?
Der hat`nen roten Mantel an.
Sein Rentier muß sich jetzt beeilen
haben noch viele Geschenke zu verteilen!
Die meisten wurden von kleinen Engeln gebastelt
manche sind aus Holz geraspelt.
Schaukelpferdchen oder Serviettenbild
das Geschenkesäckchen schon fast überquillt.
Der Schneemann erwartet liebe Grüße
zum Glück kriegt er niemals kalte Füsse!
Vom Himmel hoch, da komm ich her
bin ein Schneeflockenspringer, bitte sehr!
Das alles geschieht an diesem Tag
Ein Tag, wie ihn eben jeder mag
Dieser Tag ist....do you remember?
Der 24. Dezember!

Eine schöne Weihnachtszeit

Sandy & Ralfi

Tipps & Tricks

Serviettentechnik

Material: Serviette, scharfe Schere, Serviettenkleber
weicher breiter Pinsel

Schneiden Sie aus der Serviette Ihr gewünschtes Motiv aus. Nun die oberste bedruckte Schicht der 3teiligen Serviette vorsichtig abziehen. Mit dem Pinsel Kleber dünn auf das Trägermaterial streichen, Serviette vorsichtig mit den Fingern andrücken und mit einem weichen Pinsel Kleber von innen nach außen nochmals über die Serviette streichen.

Bei bunten Teilen müssen Sie vorher den Untergrund mit weißer Acrylfarbe aufhellen, da man sonst die dünne Serviettenschicht nur sehr schlecht sieht.

Serviettentechnik 3D

Material: Serviette, Schere oder Cutter
Serviettenkleber, Nudelholz, weicher Pinsel
Modelliermasse soft/lufttrocknend

Für diese Technik müssen Sie die Modelliermasse mit einem Nudelholz auf ca. 3mm Stärke ausrollen. Die Serviette wird mit dem Kleber wie oben beschrieben angebracht. Die Masse kurz antrocknen lassen und das Motiv mit einer Schere oder einem Cutter ausschneiden. Die ausgefransten Ränder müssen mit den Fingern etwas nachmodelliert werden. Drücken Sie das Teil ein wenig ungleichmäßig zurecht. Danach ganz trocknen lassen. Wenn das Teil ganz durchgetrocknet ist, kann es als 3D Ergänzung mit Heißkleber aufgeklebt werden.

Holz bearbeiten und bemalen

Material: Sperrholz in 4 und 6 mm, Acrylfarbe, feines Schmirgelpapier breiter und spitzer Pinsel, Laubsäge oder elektrische Säge Klarlack, Transparentpapier, Bleistift

Zeichnen Sie Ihr Motiv vom Bogen auf Transparentpapier ab. Danach das Transparentpapier umdrehen und Linien von hinten mit einem weichen Bleistift nachziehen. Mit dieser Seite auf das Holz legen und Linien mit einem alten Kuli oder harten Bleistift durchdrücken. Motiv aussägen.

Für eine glatte Oberfläche jetzt das Holzteil mit ein bisschen verdünnter weißer Acrylfarbe einstreichen, trocknen lassen und mit feinem Schmirgelpapier Oberfläche und Ränder glatt schleifen.

Jetzt können Sie Ihr Motiv mit der Acrylfarbe bemalen. Zuerst helle Farbe auftragen, mit dem Pinsel in die dunklere wedeln und in die helle hineinziehen. An den Rändern mit Grau oder Schwarz Schatten malen. Feine Konturen oder Striche z.B. bei Gesichtern werden ganz zum Schluss nach dem Trocknen der anderen Farben mit einem feinen Pinsel gezogen. Zum Schluss lackieren.

Tonkarton

Material: Tonkarton, scharfe Schere oder Cutter Transparentpapier, Bleistift, Prittstift

Das Übertragen der Motive funktioniert hier so wie oben beim Holz beschrieben.

Lange Linien schneiden Sie am besten mit einem Cutter, kleine Teile mit der Schere. Zum Kleben verwenden wir Prittstift und für größere Teile Heißkleber. Beim Zusammenkleben ist es von Vorteil die Teile direkt auf die Vorlage des Bogens zu legen. So kann nichts falsch oder verschoben zusammengeklebt werden. Gestrichelte oder gepunktete Linien zeigen an, das dieses Teil dahintergeklebt werden muss.

Schönes zum Verschenken

Material: 2 Weckgläser
2 Platten 1mm Moosgummi in weiß
ca. 2m silbernes Bändchen
4 Blaue Holzkugeln 10mm
Serviette Vielseidig Verlag Nr. 17068
Serviettenkleber, Glitzerlack, breiter Pinsel

Jeder freut sich über so ein süß zurechtgemachtes Bonbon oder Marmeladenglas als Mitbringsel zur Christmasparty oder zur weihnachtlichen Kaffeerunde.

Schneiden Sie aus der Serviette Schneemann und Flöckchen aus. Aus der Moosgummiplatte einen Kreis mit Durchmesser ca. 22cm wellig ausschneiden. In die Mitte den Schneemann kleben wie bei Tipps und Tricks beschrieben.

Nach dem Trocknen kann noch Glitzerlack für einen festlichen Schimmer darüber gestrichen werden. Das Glas befüllen, den Moosgummikreis oben überstülpen und mit dem Bändchen festzurren. Die Perlen als Verzierung am Ende des Bändchens befestigen.

Die 3 Knuffigen aus dem Fimoland

Fimo: Haut, Gelb, Rot, Dunkelblau, Schwarz, Weiß, Orange
Gold (Alternative: anmalen mit goldener Bastelfarbe)

Material: Schwarzer Draht (geglüht), Messingdraht ca. 0,3mm
Schwarze Halbperlen: 4 Stück 5mm, 2 Stück 4mm
3 Zahnstocher

*Wir sind die 3 knuffigen aus dem Fimoland,
uns knetet man locker mit einer Hand!
Ob Engel, Schneemann, Nikolaus,
wir sehen alle superputzig aus!
Drum setzt Euch hin, hört auf zu reden,
und fangt endlich an uns hinzukneten!*

Die Köpfe sind Kugeln ca. 3cm groß. Ebenfalls die Körper, beim Niko etwas kleiner, beim Schneemann etwas größer als der Kopf. Das Engelchen bekommt ein Kleid. Einfach eine blaue Kugel formen, unten flachdrücken, nach oben etwas dünner werdend. Oben eine Kerbe einschneiden und mit etwas hautfarbenem FIMO wieder ausfüllen (Hals). Jeweils Kopf und Körper mit einem halben Zahnstocher verbinden. Füße und Stiefel formen. Pro Bein zwicken Sie etwa 10cm geglühten Draht ab, drehen diesen um einen dünnen Stift oder Pinselstiel, so das eine Spirale entsteht. Die Enden in Füße und Körper stecken.

Engelshaar: Besteht aus ca. 20 dünnen FIMO-Strängen, 7cm lang.
Zylinder: Flache Scheibe 3cm auswalzen, Zylinder aus dickem Strang 2cm schneiden und aufsetzen. Dünnen Strang Gelb ca. 6cm plattwalzen, als Hutband umlegen.
Zipfelmütze: 3cm hohen Kegel formen, etwas ungleichmäßig hinbiegen und auf Kopf setzen. Mit Weiß einen Strang als Mützenrand umlegen. Die Wollstruktur erreichen Sie z.B. mit einem Prägestift (vorne kugelartige Spitze). Ebenso drücken Sie den Pommel und die Schneemannfüße ein.

Augen einsetzen, in die Köpfe Löcher bohren, und Messingdraht zum Aufhängen einstecken. Eventuell nach dem Brennen (130°, 25 Min.) noch mal Füße und Aufhänger einkleben.

Siehe auch "Kurzanleitung" auf dem Vorlagebogen!

Schneeflockenspringer

Material: Sperrholz 6mm, 30x30cm
Schneefarbe, Perlmuttflimmer
Acrylfarbe weiß
Satinband weiß
Holzstab 5mm
2 Holzkugeln 15mm
Tonkarton in Grau, Rosé, Gestreift
Fineliner schwarz
Buntstift in Schwarz & Rosé

Sägen Sie zuerst die Schneeflocke aus Holz aus. Das beansprucht ein wenig Zeit, aber es lohnt sich. Die Schneeflocke wird mit weißer Acrylfarbe grundiert, mit Schneefarbe bemalt und wenn diese dann noch feucht ist wird gleich der Perlmuttflimmer eingestreut. Den Holzstab kürzen Sie auf ca. 17 cm und setzen auf beiden Seiten die Kugeln auf. Bemalt wird er genau wie die Schneeflocke.

Der Mäusemann wird aus Tonkarton nach Vorlage 2x gebastelt. Seitenrichtig und seitenverkehrt! Schwarze Konturen mit Fineliner aufmalen. Schatten und Bäckchen werden mit Buntstift aufgemalt.

Der Holzstab wird dann zwischen die Hände der Maus geklebt und mit Satinband an der Schneeflocke befestigt.

Der 4. Advent

Tonkarton: in Haut, Gelb, Königsblau, Hellgrau, Weiß, Dunkelgrün, Rot mit Muster, z.B. Hellblau mit Blümchen

Material: Weiße Micro-Wellpappe
Transparentpapier klar mit Muster
Regenbogentransparentpapier
Strasssteinchen flach (eventuell mit Klebefläche, Modeschmuck), weißes Satinbändchen 4mm, ca. 40cm
Serviette, Vielseidig Verlag Nr. 31750
Buntstifte in Weiß, Schwarz, schwarzer Fineliner
weiße Bastelfarbe

Vor meinem Fenster brennen 4 Kerzen
sie sollen leuchten in alle Herzen
Und wenn man sie lange brennen lässt
dann wird`s auch ein schönes Weihnachtsfest!

Alle Teile nach Vorlage ausschneiden. Der **RAHMEN** ist recht einfach. Mit einem Cutter und einem Lineal ist dieser im Nu gebastelt. Die abgeschrägten Ecken legen Sie aneinander und fixieren diese von hinten mit je einem Stück Tonkarton, ca. 2x2cm. Das Fensterbrett darüber setzen. Beim **MÄDCHEN** fertigen Sie zuerst das Gesicht. Auf die weißen Augen mit Regenbogentransparentpapier, Verlauf z.B. von Grün nach Blau, die Augenfarbe aufsetzen. Die Lichtpunkte mit Bastelfarbe aufmalen. Wimpern, Mund etc. zeichnen Sie mit dem Fineliner, Schattierungen wie im Ohr mit Buntstift. Den fertigen Kopf zwischen das eingeschnittene Haarteil schieben, das Kinn über den Arm. Den anderen Arm befestigen Sie hinten am Kopf und stecken ihn vorne zwischen Hand und Haarteil. Nun das Mädchen mit den Ellenbogen auf den Fensterrahmen setzen, dahinter das gemusterte Transparentpapier kleben. Wiederum dahinter dann den Körper, bzw. das Kleid.

Die **KERZEN** nach Servietten-Technik-Art auf weißem Karton aufpinseln, trocknen lassen, ausschneiden. Hinter die Flammen Regenbogentransparentpapier mit dem Verlauf Gelb-Rot kleben.

Zum Schluss Löcher oben in den Rahmen bohren (z.B. mit Stanzeisen oder Locher), und mit dem Satinbändchen aufhängen.

Kleiner Engel

Material: Serviette Vielseidig Verlag Nr. 31712
Serviettenkleber
Weißer Tonkarton mit goldenen Sternen
Glimmer Finish Ice-Kristall
Mobilefolie 0,4mm
Holzstab für Stecker

*Ich bin der Engel des ewigen Licht`s
ohne mich brennt hier wirklich nichts!
Wollt Ihr`s helle? Ruft mich, denn dann
komm ich und zünd Eure Kerzen an!*

Aus der Mobilefolie 3 Platten 21x21cm ausschneiden. In die Mitte der Folie Engelmotiv mit Kleber wie bei Tipps & Tricks beschrieben anbringen. Der Tonkarton wird nach Vorlage auf dem Bogen zugeschnitten und zusammengeklebt.

Mobilefolie von innen einsetzen. Glimmerfinish mit einem weichen Pinsel unten als Schnee auftupfen.

Für den Stecker Serviette auf Mobiléfolie kleben, ausschneiden und nach dem Trocknen den Holzstab von hinten mit Heißkleber befestigen.

Postwächter

Material: U.S. Mailbox
Sperrholzplatte 6mm, 35x44cm
Feines Schmirgelpapier
Transparentpapier, Bleistift, Klarlack

Acrylfarbe: Weiß, Gelb, Orange, Rosé, Rot, Hell & Dunkelgrün
Royalblau, Grau, Braun, Schwarz

*Wann kommt die Post? Mir ist schon ganz kalt
Ich hoffe der Bote kommt sobald
Da kommt das Vöglein das ich rief
und bringt mir einen Weihnachtsbrief.*

Übertragen Sie den Schneemann auf die Holzplatte wie bei Tipps & Tricks beschrieben. Aussägen, Grundieren, und schmirgeln. Jetzt kann der Schneemann richtig bemalt werden.

Grundfarbe aufmalen und mit Grau an den Rändern etwas dunkler schattieren. Dazu graue Farbe auf einem Teller leicht antrocknen lassen, mit dem Pinsel ein wenig Farbe aufnehmen und aufstupfen. Die schwarzen Konturen werden mit einem feinen Pinsel nach dem Trocknen der anderen Farben gezogen.

Zum besseren Halt auf dem Briefkasten einen kleinen Holzklotz von hinten an die Figur nageln. Mindestens 2x klarlackieren!

Kugel:

Teilbare Plastikkugel Ø 12cm mit Innenteil
½ Meter Kordel natur/gold
Goldenes Feenhaar, Ast, Naturbast

Auf das Zwischenteil Serviette kleben, dieses zwischen die beiden Kugelhälften klemmen. Mit Ast und Feenhaar dekorieren. Um die Kugelnaht die Kordel kleben. Mit Naturbast aufhängen.

Auch Bärchen haben Engel

*Jeder Mensch hat seinen Engel
egal ob Liebling oder Bengel
Warum soll`s beim Bärchen anders sein?
Klein Teddy sieht das gar nicht ein!*

Grund-
material: Serviette Vielseidig Verlag Nr. 31729
               Serviettenkleber

Rahmen: Holzspiegel ca. 26x26cm
              Getrocknete Orangen, Ästchen, Goldenes Feenhaar

Serviette nach Beschreibung anbringen. Ast, Orangen und Feenhaar dekorieren und mit Heißleim aufkleben.

Dose: Pappdose mit Acrylfenster Ø 19cm
           Acrylfarbe Gold & Elfenbein
           Modelliermasse soft/Lufttrocknend
           Kleiner Ast

Innenteil mit Acrylfarbe Elfenbein bemalen. Nach dem Trocknen Serviette aufbringen. Flügel vom Bärchen extra ausschneiden und mit Modelliermasse wie vorne im Buch beschrieben als 3D Effekt aufkleben. Kleine Aststückchen mit Heißkleber befestigen. Plexiglas überstülpen. Deckelrand in Gold bemalen. Auf das Dosenunterteil kann noch ein Stück der Serviette geklebt werden

Kein Frost erwünscht!

Material: Sperrholzplatte 4mm, 15x36cm (inkl. Kopf)
Acrylfarbe: Weiß, Gelb, Orange, Rot Royalblau, Grau, Schwarz
Aststückchen, Transparentpapier
Bleistift

*Ja, natürlich seid Ihr herzlich Willkommen
in meiner warmen Stube.
Aber eines müßt Ihr mir versprechen:
"Laßt den Frost einfach draußen!" Brrrr*

Die Vorlage wie bei Tipps und Tricks beschrieben abpausen und auf das Holz übertragen.

Schneemannkopf und Schild bemalen. Schneemannkopf mit Grau einschattieren. Dazu in das feuchte Weiß am Rand etwas Grau ziehen und leicht ineinander malen. Gesichtskonturen nach dem Trocknen der anderen Farben mit einem feinen Pinsel ziehen. Schrift aufmalen.

Zwischen dem Kopf und dem Schild ein Stück Holz kleben, damit der Kopf nicht direkt auf dem Schild klebt. In den Spalt das Aststück mit Heißleim einkleben.

Nikomädchen & Rentier

Material: Serviette Vielseidig Verlag Nr. 31767
Serviettenkleber
Breiter weicher Pinsel

Bild: Leinwand oder Malgrund 20x20cm
Magicliner weiß
Tonkarton rotkariert
2 rote Holzperlen
Rotes Satinband ca. 0,5m

Glas: Kleines Teelichtglas
Mobilefolie
Magicliner weiß

Kerze: Weiße Stumpenkerze
Candlepen weiß
Serviettenkleber für Kerzen

Schneiden Sie für das Bild einen Rahmen aus Tonkarton 26x27cm, 4,5cm breit. Das Rentier aus der Serviette schneiden und wie bei Tipps & Tricks beschrieben auf die Leinwand kleben.

Mit dem Magicliner Tupfen auftragen und nach dem Trocknen mit Heißluft aufplustern. Rahmen mit Heißkleber auf die Leinwand kleben, oben mit einem Locher zwei Löcher stanzen, Satinband durchziehen und Perlen auffädeln.

Bei der Kerze Serviette mit dem speziellen Kerzenkleber anbringen und mit dem Candlepen Schnee auftupfen.

Für das Teelicht Häuser auf Mobilefolie kleben, ausschneiden und am Glas mit Heißkleber befestigen. Magicliner auftragen und mit Fön hochplustern.

Ein Himmlisches Gemälde

Material: Tonkarton in Haut, Gelb, 2 Brauntöne, Schwarz, Grau
Dunkelgrün, Weiß, Mattgold, Geprägter (Muster) Tonkarton
Regenbogentransparentpapier (Augen)
Mobilefolie 0,4mm, milchig o. weiß, Perlmutt-Flimmer
2 gelbe Holzperlen Ø 8mm
2 Holzstäbe, 4-kantig, Ø 8mm, je 1m (insgesamt 1,10m)
Schraube l=2cm, 3 dünne Nägel l=13mm
1 Malkarton 8x8cm, 5 verschiedenfarbige Magic-Liner
Buntstift in Schwarz , Weiß u. Orange
schwarzer Fineliner, weiße Bastelfarbe
Serviette, Vielseidig Verlag Nr. 31750
3 Abstandshalter, Serviettenlack

*Auf Wolke 17 ist das Atelier für begabte Engel.
Hier sehen Sie gerade einen Künstler bei seiner Arbeit mit
dem Titel "Weihnacht kommt auf langsamen Sohlen".*

Schneiden Sie alle Teile nach Vorlage aus. Beim Zusammenkleben mit dem Kopf beginnen. Die Haare auf die Stirn setzen und beidseitig hinter die Ohren kleben. Der Kopf sitzt hinter dem Gewand aus Musterkarton, den Kragen um den Hals legen, vorher etwas einschneiden! Pinsel und Palette auf die Hände setzen, die eingeschnittenen Finger nach vorne legen.

Für die Augen haben wir Regenbogentransparentpapier verwendet mit den Verlauf von Grün nach Blau. Die Lichtpunkte mit Bastelfarbe aufmalen. Ebenfalls aufgemalt werden weiße Haarsträhnen, Sommersprossen etc. Aus Mobilefolie werden die Flügel geschnitten, mit Serviettenlack bestrichen und Flimmer eingestreut. Die Abstandshalter für die Flügel und Palette (2 Stück übereinander) verwenden. Die Knöpfe (Perlen) mit Heißleim aufkleben. Sägen Sie nun die Holzleistchen für die Staffelei zurecht, Maße entnehmen Sie dem Vorlagebogen. Der Bilderhalter wird angenagelt, die langen Standbeine verschraubt. Damit der Maler stehen bleibt eine Stütze bauen. Zum Schluss das „Gemälde" nach Serviettentechnik-Art aufpinseln.

Weihnachtsbild

Material: Serviette Vielseidig Verlag Nr. 31767
Wellpappe gelb, Weißer Tonkarton
Transparentpapier Hellblau mit Muster
Schnee, Magicliner weiß
Modelliermasse soft/ Lufttrocknend
2 kleine rote Holzperlen
Satinband Rot

Schneiden Sie aus der Wellpappe 2 gleiche Rahmen aus; 38x31cm. Der Rand sollte ungefähr 3cm breit sein. Den unteren Teil der Serviette mit Häusern und Nikomädchen ausschneiden und auf den weißen Tonkarton aufkleben. Alles ausschneiden.

Hellblaues Transparentpapier auf 35x29 cm zuschneiden. Häuserlandschaft auf den unteren Teil des Transparentpapiers kleben. Mit weißem Magicliner Pünktchen setzen.

Transparentpapier nun zwischen die zwei Wellpapperahmen kleben. Schneeberge nach Vorlage ausschneiden und außen aufkleben. Schnee aufstupfen.

Rentier mit Weihnachtsmann auf Modelliermasse kleben. Siehe Tipps & Tricks! Engelflügel und Häuserdach genauso. Modelliermasse wellig zurechtdrücken und auf das Bild mit Heißleim aufkleben.

Oben 2 Löcher mit einem Locher stanzen und Bändchen zum Aufhängen durchziehen.

Hüüü, Hooo!

Material: Tonkarton in 2 Brauntönen, Haut, Gelb, Rot, Grau
Wellpappe in Rot und Gold, Filz in Weiß und Grün
Je 1 schwarze Halbperle Ø 3mm u. 5mm
3 rote Holzperlen Ø 8mm
Schwarzer Draht (geglüht), blauer Bast
2 Schaschlikstäbchen, 2 kleine Äste
Weißer und rosa Buntstift, schwarzer Fineliner
Magic-liner Schwarz u. Gelb
Goldener Hologramm-Flimmer

Wenn ich groß bin, will ich Weihnachtsmann werden!!! Da habe ich dann mein eigenes Rentier und immer viele tolle Spielsachen zuhause.

Alle Teile nach Vorlage ausschneiden. Wenn das Fensterbild beidseitig sein soll, alle Teile noch mal seitenverkehrt basteln! Fertigen Sie zuerst alle Figuren.

JUNGE: Kopf und Mütze sitzen hinter Kragen und Mützenrand. Die Hände bestehen aus 3 Teilen. Das Baststück (Zügel) wird später dahinter geklebt. Als Auge die 5mm-Halbperle aufsetzen. Für die Wange etwas Buntstiftstaub mit dem Finger verreiben. Den Staub erhält man, indem man den Buntstift auf Schmirgelpapier abreibt! Mund, Braue, Ohr, Finger und Fußzehen mit dem schwarzen Fineliner aufmalen.

RENTIER: Der verlängerte Hals ist das hintere Ohr. Die 2 kleinen Äste ersetzen das Geweih. Mit schwarzem Magic-liner das Auge aufmalen (auf Wunsch aufplustern). Den Schriftzug tragen Sie mit gelbem Magic-liner auf. In die frische Farbe den Hologramm-Flimmer einstreuen.

Die **MAUS** besteht aus 2 Tonkartonteilen, sowie 2 Stückchen Draht und eine Halbperle 3mm. Die Draht-Stückchen nach Vorlage zusammendrehen und von hinten ankleben. Aus Filz und den 3 Holzperlen die **BEEREN** basteln, mit Heißleim anbringen. Für die **LEITER** kleine Stücke aus den Schaschlikstäbchen schneiden, mit Heißleim verkleben.

Türhänger Engel

Material: Sperrholz 4mm, 11x20cm
Schwarzer Draht
Naturbast gelb
Acrylfarbe in Weiß, Haut, Pink, Gold, Schwarz

*Dieser vorwitzige Engel hat "alles im Griff."
Und das mit beiden Händen, hi, hi.
Außerdem versperrt er den Kleinen die Sicht
auf den noch nicht fertigen Weihnachtsbaum!*

Sägen Sie die Holzteile nach Vorlage auf dem Bogen zu. Mit Acrylfarbe bemalen. Bäckchen mit ganz wenig Farbe und Pinsel leicht aufstupfen. Aus Naturbast ca. 20cm lange Stücke schneiden und mit Heißkleber auf den Kopf kleben.

Einen Ring aus Draht mit dem goldenen Stern darübersetzen. Zwischen Körper und Flügel ein Stück Sperrholz als Abstandshalter kleben. Die einzelnen Teile durch den Draht verbinden. Diesen dazu über einen Stift drehen um eine Spirale zu erreichen.

Nächtliche Bootsfahrt

In meiner Nuss bin ich der Kapitän!
Oh, ich vergass es zu erwäh`n
Ich hab hier noch ein freies Plätzchen
für mein Mäuschen, für mein Schätzchen.

Weihnachtskugeln:
Beschreibung wie Bärchenkugel
Seite 16

Material: 3D Wellpappe natur
Wellpappestern gold
Halbperle 6mm
Schwarzer Draht
Regenbogentransparentpapier
Schwarzer & Roséfarbener Buntstift

Tonkarton: 3 verschiedene Grüntöne, Braun, Grau
Gelb, Rot mit Sternen
Transparentpapier, Bleistift

Schneiden Sie die einzelnen Teile nach Vorlage auf dem Bogen aus. Danach kleben Sie die Teile mit Prittstift zusammen. Nun 2 Stück Draht zusammenzwirbeln und hinten an die Nussschale kleben. Stern am anderen Ende befestigen. Gesichtskonturen der Maus und Schatten an Kerze und Blättern mit Buntstift aufmalen. Halbperle als Auge aufkleben.

Schneemädchen

Material:
DIN A4 Platten Filz: 2x Weiß
1x Schwarz, 1x Dunkelgrün, 1x Orange
2 schwarze Glasaugen
zum Annähen Ø 10mm
4 rote Holzperlen Ø 12mm
ca. 30cm rotes Bändchen, Ø 25mm
Schwarzer und weißer Stickgarn
ca. 2mm, Schwarz in 1mm
Füllwatte, Zwirn

*Was hat weiße Zöpfe und
mag die heiße Sonne nicht?
Ist doch klar wie Erdbeereis.
Das Schneemädchen natürlich!
Ist es aber kalt, dann blüht es auf.
Dann ist das einzige was schmilzt
die Herzen der zahlreichen
Schneemänner in den Nachbarsgärten!*

Eines vorweg! Um das Schneemädchen in Filz zu basteln, sollte man etwas Geduld mitbringen. Wer das nicht hat, sollte die kalte Maid wohl lieber in Tonkarton verewigen.

Schneiden Sie zu Beginn alle Teile aus Filz mit der Schere aus, und zwar je 2x, die Zöpfe 4x. Nun werden alle gegengleichen Teile mit einfachen Stichen vernäht. Die hellen Teile mit Schwarz und umgekehrt. Sie beginnen oben am Kopf, nähen ringsum, wenn Sie wieder oben ankommen zunächst eine Lücke von ca. 4cm lassen. Hier können Sie nun die Füllwatte hineinstopfen und gleichmäßig verteilen. Entscheiden Sie selbst, wie viel Watte Sie benötigen! Verfahren Sie genauso bei den Zöpfen, Nase, Hut. In die Zöpfe mit dünnem Garn das Zopfmuster einnähen. Vor dem „Zunähen" alle Teile aneinander setzen, dann vernähen. Die Zöpfe werden durch die Hutkrempe hindurch mit den andersseitigen Zöpfen zugenäht. Ebenso bei der Nase verfahren. In das noch offene breite Karottenende den Kopf schieben und vernähen. Die Blätter mit den Beeren (Holzkugeln) mit Zwirn annähen.

Zuletzt die Schleife umbinden, damit das Mädchen keine Halsschmerzen bekommt! ;-)

Laubanger 19b 96052 Bamberg **Vielseidig Verlag** GmbH Tel. 0951/ 6 89 97
Fax. 0951/ 60 32 99